十牛図
ほんとうの幸せの旅

青山俊董
Aoyama Shundo

春秋社

十牛図　ほんとうの幸せの旅　目次

十牛図　ほんとうの幸せの旅

はじめに——幸せを求めての旅

人生は幸せを求めての旅

「人生は幸せを求めての旅」ともいえます。幸せを何とするか、択ぶ眼の深さ、高さが、その人の人生を決めるといってもよいでしょう。

世間、福を求むるの人、吾に過ぎたるはなし。

これはお釈迦さまのお言葉です。ある日、お釈迦さまのご説法の座で、アヌルダが居眠りをしてしまいました。お話が終ってからお釈迦さまはアヌルダを厳しくお叱りになりました。アヌルダは心の底から懺悔をし、「以後、決して眠りません」とお約束を致しました。よほどに申し訳ないと思ったのでしょう。

それからは夜も眠らないというほどに眠りとの闘いをつづけ、とうとう無理がたたって失明してしまいました。失明しても自分の着るお袈裟は自分で縫わねばなりません。眼が不自由なら縫うことも大変ですが、まずは針のメドが通らない。アヌルダがつぶやくようにして「誰か幸せを求める人は、私のこの針のメドに糸を通してくれないだろうか」と言いながら、見えない眼をしばだたいておりました。

アヌルダのつぶやきにただちに応じて「どれ、私が通させてもらいましょう」とそばへお寄りくださったのは、他ならぬお釈迦さまご自身だったのです。驚き、また恐縮しながらアヌルダは思わずお質ねをしました。「お釈迦さまも幸せを求めておいでですか？」と。その問いに答えられたのがこの、「世間の人はみんな幸せを求めているが、私ほど真剣に幸せを求めたものはいないであろう」のお言葉だったのです。

一国の王子であり、やがて王様になることが約束されておられるお方。世間的には最高の幸せのただなかにおられるはずのお釈迦さまが、そのすべてを捨ててご出家あそばされました。最高の幸せを求めての旅立ちだったのですね。私どもの「幸せ」とは次元が違うようです。

名誉も財産も、持ち物にすぎず、いざというとき何の役にも立たないばかりか、持ってゆくこともできません。持ち主である私の、今日ただ今をどう生きたらよいか、それを求めての旅立ちがお釈迦さまのご出家であり、命がけのご修行の果てに見出され、説き残された教えが仏教なのです。

たった一度の生命の今をどう生きるべきか

この体　鬼と仏と　あい住める

これは、刑務所に収容されている囚人の句だといいます。指名手配を受けて逃走中の犯人が川べりを走っていて、水におぼれかかっている幼子をたまたま見つけ、思わず水にとびこみ、幼子の命を救うことができた。しかし、そのために捕えられてしまったという話をお聞きしたことがございます。

もう一つ歌を紹介いたしましょう。

入れ墨の　太き腕して　眠りいる
　友は「母さん」と　つぶやきにけり

罪を犯して少年刑務所に収容されている少年が、夜、寝言で「母さん」といった。その一言に感動して、隣りで寝ていた少年がこの歌を作ったというのです。

この歌を紹介された東井義雄先生は、こう語りかけておられます。

「目が醒《さ》めているときは、入れ墨などして強がっていても、眠りこけているときはそのつっぱりも消え、幼子のように素直になっている。そこで『母さん』と母の名を呼ぶ。この子がほんとうに駄目な子なんだろうか。その寝言に感動して、こんなすばらしい歌をうたい得た少年が、ほんとうに駄目な子だろうか。すべての草木が、倒しても倒しても太陽に向かって立ち上がろうとするように、どの子もみんな良い子になりたいんだ、自分の命を大切に生きたいんだ。その心を、その芽を摘んでしまっているのは、むしろ大人たちではなかろうか」と。

また、澤木興道老師はよく、

寝ていても　運ばれていく　夜汽車かな

の句を引用されながら、「凡夫《ぼんぷ》が修行してボツボツ仏になるのではない。はじめから仏。その仏に気づかず迷っているのを凡夫という」とおっしゃいました。

前後不覚になって眠りこけているときも、心臓を、呼吸を、体全体を生かし続けていてくださる働き、それを仏と呼びます。初めからその只中《ただなか》にあって、その働きを自在に使いぬかせていただいているのですが、気づかないだけ、忘れているだけ、見失っているだけなのです。

この天地がどうなっており、その中でわれわれの生命がどのように生かされているか。つまり「いかにあらしめられているか」が分かれば、「いかにあるべきか」の答えはおのずから出る。天地いっぱい総力をあげてのお働きをいただいて、今の私のひとときの生命のいとなみがあるということが、心の底から納得できたら、その生命をわがままな自我の思いの満足のためには使えなくなる。

使ってはならないのではなく、使えなくなる。天地いっぱいに、地球全体に、全人類に返さないではおれなくなる。そういうことではないでしょうか。

たった一度の生命の今を、どう生きるべきかと、心の深層からほとばしり出る問い、その答えを求めての旅立ち、それがお釈迦さまやら多くの祖師方の、求道《ぐどう》への旅立ちであったと思うのです。

もう一人の私を育てる

江戸時代のこと、風外本高《ふうがいほんこう》様は愛知県の香積寺《こうしゃくじ》の住職でしたが、大阪の破れ寺に住んでいたころ川勝太兵衛という金持ちが人生相談にやってきました。夏だったのでしょう、どこからか虻《アブ》が一匹飛び込んできた。風外さまは太兵衛の話を聞いているのかいないのか、虻ばかり見ておられる。太兵衛は思わず「風外様はよほど虻がお好きですな」と。

するとと風外様は「この寺は破れ寺、どこからでも出ていけるのに、ここからしか出られないと思って同じ所にぶつかっては落ちる。こんなことをしていては死んでしまうな。しかし人間もよう似たことをしておりますなあ」と言われた。太兵衛は、ハッとして虻にことよせてお示しくださったと気付き、以後熱心な参禅者になったというお話が伝えられております。

澤木老師に参禅していた田中忠雄という方が、ある会社でこの話をしたそうです。しばらくしてその会社の女性事務員から手紙が来ました。

「実は私はある男性と結婚するはずでしたが、いろいろな事情で出来なくなり、死のうと思っていた。仕事の後始末もし、心の中で皆さんにサヨナラも言って帰ろうとしましたら、社長さんに『田中先生の講演会があるから受付をするように』といわれ、受付にぼ〜っと座っておりました。そしたら虻の話が聞こえてきた。私ははっとしてあぁ私は虻だったと気付かされました。気付いたら生きていく勇気がわいてきました。先生は私の命の恩人です」と書かれてあった。

そこで田中先生は「命の恩人は私じゃない、虻です。これからもし、また行き詰まったら、南無阿弥陀仏と言わず、ナムアブダブツと唱えなさい」と返事を書いたそうです。

この話からいくつかの学びをしたいと思います。私は虻だと気づくもう一人の私がいる。虻だけでは虻であることに気づけない。悲しみ、苦しみ、思うようにならないことにぶつかることで、立ち止まり、振り返る、もう一人の私が生まれる。育つ。これが大事です。道元様は自我と自己という言い方をされました。虻でしかない私を自我、それを虻でしかなかったと気づくもう一人の私を自己。自我と自己との対話ですね。私と私の対話。これは大事なことであろうと思います。

わたしの教え子で山口県から来ていたTさんに久しぶりに会いましたら、わたしの顔を見るなり、「先生、私この頃、朝起きるとね、『あなた今日ご機嫌いかが』って聞くんです」と言うんです。自分と自分の対話ですね。つまらぬことに振り回されていないかね？　ちょっとしたことにのぼせ上っていないかね？　ちょっとしたことに落ち込んでいないかね？　と問いかけるもう一人の私がいます。
小学校四年生でしたか、こんな詩を思い出します。須永君という小学生の詩です。

太平洋、オホーツク海、日本海、東シナ海に囲まれた日本の中の
古賀第一小学校の校庭で、ぼくは今、けんかをしている。
壮大なケンカですね。けんかしている自分を宇宙的視野で見ているもう一人の自分がいる。

「せまいな　せまいな」と言ってみんな遊んでいる。
朝会の時、石をひろわされたら「ひろいな　ひろいな」とひろっている。

これは小学校四年生の「運動場」という詩です。遊んでいる時は狭く感ずるが、石を拾わされると広く感じるというこの詩の面白さは、自分を客観的に突き放して見ている、もう一人の目があるというところです。

そういうもう一人の私を、良き師、良き教えに導かれることによって大きく育て、わがままな自我の私をどうお守りしていくかが人生の大事なひとつの姿であろうかと思われます。

人生の旅の目的はこの「もう一人の私」を探し出し、いかに育ててゆくかにあるような気がいたします。

この虻の話から、もう一つ学んでおきたいことがあります。

風外様が、この寺はぼろ寺で立て付けも悪く、そこら中に穴も開いている。

蛇はどこからでも出ていけるのに、ここからしか出ていけないと思い込んで同じ所にぶつかる。ここですね。視点を変えてみなさい、いくらでも出る道はあるよと。我々の人生もちょっと見方を変えることで道が見えてくる。角度を変えてごらん、視点を変えてごらん、あるいは反対の側に立ってごらんなさい。すると問題が簡単に解決するかもしれないよ。

こういうようなことも、蛇からの学びなのですね。あるいは立場を変えてみようじゃないか、奥さんの立場からしか見えていなかったものが、旦那さんの角度に変えたらどうなるのだろう、子どもの立場になってみたらどうなるのだろう、というように立場を変えてみる、あるいは距離を離してみる。これも大事ですね。近すぎて見えないものが離れてみるとよく見えることもある。

私の信州の寺などは古い山寺ですが、少し離れた山道から見ると、樹齢三百年余の古い桜やら柳やらに囲まれて、その背景は三千メートル級のアルプス連峰ですから絵になります。近すぎると掃除の行き届かない、くもの巣や節穴が目立ちますが、離れて見たら絵になります。

自分の人生も同じです。近すぎて見えない。自分の人生の外に出ることは難しいことですけれども、自分の人生を突き放してみてみる。

よく内山興正老師は床の間に棺桶を置いといて、行き詰まったら棺桶の中に入ってそこから振り返る。自分の人生の外から、あるいは死んだ世界から振り返る。そうするとようやく見えてくるものがあろうと。そのようなたくさんの学びがこの虻の話からあるのです。

はじめから仏、気づいていないだけ

そこで本論の十牛図の話に入ります。

禅の語録にはよく牛が登場いたします。この牛は、もともと、気づく気づかぬにかかわらず、いただいている仏のお命、おはたらき、これを仏性と呼んでおります。それを牛にたとえてのお話です。

澤木老師がよくおっしゃいましたね。「凡夫がぼつぼつ修行して仏になるのではない。はじめから仏なんだ。ただ気づかずに迷っているのを凡夫という」と。

東井先生のところへある夜遅く電話が入った。この夜中に誰だろうと受話器をとると、男の方の切羽詰まった声で「世の中の人、皆が私を見捨て裏切った、もう生きていく勇気がなくなったから今から首をつって死のうと思う。けれど一つだけ気になることがある。南無阿弥陀仏ととなえて死んだら救ってもらえるか?」と言う。

先生は「待ってください、あなたの気まぐれな南無阿弥陀仏で救われるものですか！　そんなことより、まわり中が見捨てた、裏切ったというけれども、あなた自身が自分の命を裏切り、見捨てて死のうとしているではないか。その時も一刻も見捨てずに、呼びかけどうしに呼びかけ、働きかけどうしに働きかけていてくださるその方のお声が聞こえないか」とおっしゃった。「どこにもそんな声は聞こえやしない」と電話の主。

「死のうとしているその時も死なせてなるものか、頑張って生きてくれ、乗り越えてくれとあなたの心臓を動かし、あなたの呼吸を出入りさせてくださっている。そのはたらきを仏と呼ぶのです。その他のどこに仏がいると思うか」とおっしゃった。電話の主は「私は勘違いをしていたようだな」と言って電話を切ったというお話。

このはたらきを地上のすべてのものが等しく頂戴している。そのはたらきを仏性と言ったり、『般若心経』で言ったら色即是空の「空」という言葉で表現したり、あるいは『正法眼蔵』でいえば「現成公案」の「公案」という言葉で表現しております。一つのもののはたらきです。それをこの十牛図では牛という表現をすると思っていただけばよいと思うんですね。

一切の存在は仏性のなれるものなり。悉有は仏性なり。修行してぼつぼつなるんじゃない、はじめから気づく気づかぬにかかわらずその命を頂戴している。天地いっぱいのお働きを一身にいただいての命のいとなみであることに変わりはない。仏教の場合は人間も動物も草も木も仏性の命としては絶対平等です。差別なし。

ご存知のようにキリスト教の場合は創造主がいて、創造されたものがあって、創られたものに序列がある。万物の霊長としての人類があり、その人類のために一切が創られたことになっていますが、仏教の場合は序列なしですね。一粒の米の命も、一枚の葉っぱも、犬も猫も命の重さは同じです。一切は仏性のなれるものなり。

　問題はその次、まったく同じ命のいとなみをいただいているけれども、それに気づくことが出来るかできないか。これは科学者の言葉を借りてですが、鉱物は物質だけ、植物は物質＋命、動物は物質＋命＋喜び悲しみなどを認識する力。人間だけがそういう天地いっぱいのはたらきによって生かされていると自覚することが出来る。この仏性のはたらきに気づくことが出来るのは人間だけというわけです。

　しかしその教えを説いてくださる方に出会わなかったら気づけない。すばらしい命を頂戴しながら、それに気づく能力をいただいていても、それを説く人に出会わなかったら気づくことが出来ない。もう一つ、出会っていてもアンテナが立っていなければ気づくことが出来ない。スイッチが入っていなければ話を聞いていても聞けない、出会っていても出会いは成立しない。本気で求めるというスイッチが入っているかいないかが問われるゆえんです。

本具の仏性を牛にたとえて

仏跡巡拝やマザー・テレサを訪ねて、インドは何度も訪問することができました。心にやきついている風景の一つに、カルカッタの街の大通りのど真ん中を、わがもの顔に悠々と歩いたり寝そべっている牛の姿があります。すべての乗り物を止める赤信号は牛なんです。

インドでは古代より牛を神聖視し、お釈迦さまのことをゴータマ・ブッダとお呼びする。そのゴータマというのは、「最上の牛を持つもの」という意味だそうです。

中国でも牛は大切にされ、特に禅門では古くから真実の自己を、本具仏性《ほんぐぶっしょう》であるところの自己を牛にたとえ、多くの祖師方がさまざまに説き残されました。

雪庭《せってい》和尚の「四牛図」、自得《じとく》和尚の「六牛図」、月坡《がっぱ》和尚の「うしかひ草」、あるいは自分を牛にたとえての潙山《いさん》や南泉《なんせん》の水牯牛の話等々。

それら多くの先人達の牧牛図を総括して、自分なりのものに描きあげ、頌をつけたのが廓庵の十牛図で、今日に到るまで多くの人に親しまれ、とりあげられてまいりました。

廓庵《かくあん》師遠《しおん》禅師は諱は則公と呼び、今から約七百年前、北宋の末（十二世紀）ごろに、鼎《てい》州の梁山に住んでおられたので、梁山師遠とも呼ばれていたようです。臨済宗楊岐《ようぎ》派の五祖法演《ほうえん》の法孫にあたり、『碧巌録』を著した圜悟克勤《えんごこくごん》は法の上の伯父に当たるようです。

『十牛図』は『信心銘』や『証道歌』などと共に平易な禅の入門書として珍重

され、日本に伝えられてからは、鎌倉・室町時代の五山文学を始め、書・画・茶の湯などの禅文化と呼ばれる世界でも大いにもてはやされ、今日に到っております。

廓庵禅師の頌に弟子の慈遠《じおん》が序をつけ、さらに日本へ伝来してから東福寺の正徹《しょうてつ》書記が和歌を付したと伝えられております。ここでは頌と和歌を紹介するにとどめました。

第一図　尋牛《じんぎゅう》——牛を尋ね求める

〔頌〕

茫々《ぼうぼう》として草を撥《はら》い去って追尋《ついじん》す
水闊《ひろ》く山遥かにして路更に深し
力尽き神疲れて覓《もと》むるに処無し
但だ聞く楓樹《ふうじゅ》に晩蟬《ばんせん》の吟ずることを

茫茫撥草去追尋
水闊山遥路更深
力尽神疲無処覓
但聞楓樹晩蟬吟

〔大意〕
あてもなく草を分けてさがしゆくと、川は広く山は遙かで、ゆくてはまだ遠い。すっかり疲れ果てて牛の見当もつかぬようになって、あやしい楓の枝で鳴く秋のおくれ蟬の声が耳に入ってくるばかり。

たずねゆく　みやまの牛は　見えずして
ただ空蟬の　声のみぞする

道を求めての旅立ち

たった一つのやりなおしのきかぬ命……。誰しも自分の命をいとしいと思い、その命を悔いなく生きたい、生かしきりたいと願います。春に草木がコンクリートを割ってでも芽を出すように、本具の仏心がおどり出してくることを発心《ほっしん》というのです。まずはやる気をおこすことです。切に求める心をおこすことがなかったら何事も始まりません。最初のボタンを掛けまちがえると最後までずれてしまうように、第一歩が大切なのです。

道元禅師も「発心正しからざれば、万行むなしくほどこす」とおっしゃっているように、捨て身の心の立ちあがりがなければ、最後までだめでしょう。

あるとき、娘にお茶を習わせたいから入門を許してくれという女性がいらっしゃいました。私は「娘さん自身が本気で稽古したいのですか？　お母さんが稽古させたいというのならお断りします。本人にどうしても学びたいという気持ちがおきたとき、いらっしゃればよいでしょう。受け皿の準備ができなければ身につきません」とお答えしたことでした。

その道に　入らんと思う　心こそ
　わが身ながらの　師匠なりけり

と利休さんが歌っておられるように、また八木重吉が、

さがしたってないんだ
じぶんが
ぐうっと熱が高まっていくほかはない
じぶんのからだをもやして
あたりをあかるくするほかはない

というように、まず自分がやる気をおこす、火がつくことが先決です。

次に大切なことは、実践に移すということです。この一歩がなかなか踏み出せません。「お話を聞きにゆきたいと思いますがね」「お茶を教えていただきたいと思いつつ、とうとうこの年になってしまいました」「体のためにこれを食べてはいけないと思いつつ、つい自分に負けてしまって」等々……。心に思い、求め、願っているだけでは始まりません。善いことならやる、悪いことならやめるという実践に移すこと。これが「尋牛」です。

発心を相続する

次によしやるぞと立ち上がったら相続をする。三日坊主では終わらせない。続けることの難しさ。「相続は大難なり」、「相続は力なり」これは洞山《とうざん》悟本《ごほん》大師のお言葉です。

六十年前、総持寺の禅師様は渡辺玄宗禅師でした。すばらしい禅師様でした。九十いくつになって雲水たちと一緒に坐禅が出来なくなったと言って、能登にある総持寺祖院に引退されました。

その最晩年に若い僧が弟子になった。その若い雲水を枕元に呼んで、「九十九曲がりの山坂道をまっすぐ行くにはどうすればいいんじゃ?」と聞かれた。雲水は「分かりません」と答える。「曲がりつつまっすぐ行くんじゃ」とお示しになられて亡くなられたと伝え聞いております。

曲がりつつまっすぐ……柔軟な姿ですね。私はよく水にたとえます。水は堰き止めるほどに力を増します。大曲がりするほどに力を増して前へ進むことをやめません。車だったら赤信号の時もある、後ろに下がらねばならぬ時も、大曲がりせねばならない時もある。我々は堰き止められると、ああだめだとあきらめます。しかし後ろに下がったり、大まわりすることでいっそう力を増し、力を増しながら前に進むことをやめない。曲がることが、下がることが豊かさを増す。これが九十九曲がりの山坂道をまっすぐ行くことではないか。まっすぐといっても赤信号であろうと何であろうと馬車馬のように走るということではないのです。

それともう一つ心にとめておきたいのは、よしやるぞという発心を、いっぺん起こせばいいというものではないということです。

やはり私が尊敬申し上げてきたお一人に武井哲応老師がいらっしゃいます。相田みつをさんはこの武井老師に生涯参禅されました。その武井老師にこんな話を聞きました。同級生が文化勲章をもらったというんです。その方は学生時代成績は低空飛行している方だった。あなたが文化勲章をもらうんなら、このクラスはみんなノーベル賞並みがいっぱいいていいはずだけど、それがないのはどういうわけだろう……と言った。

そうしたら、その方は「どんなに威力のあるロケットでも一段式ではだめなんだよ。何回でも噴射しなおし、また軌道修正して噴射するというようにしなければいけない」と言われたそうです。道元禅師はそれを、「発心百千万発」とおっしゃった。

私は縁あって伯母が住職をしている寺に五歳で入りました。それから十五歳で頭を剃った。その時の思いを歌ったのが、

くれないに　命燃えんと　みどりなす
黒髪断ちて　入りし道かも

いくつもある命ならいろいろやっていい、あれもこれもできるでしょう。一

度きりのやり直しのできない命ならば最高のものに命をかけたい。

欲張りですね。あの頃は若さもあって仏教より素晴らしいものがあるならばそっちに行こうじゃないかくらいな欲張りでした。仏教よりキリスト教が素晴らしければキリスト教、あの頃は共産主義が流行っていましたから、仏教より素晴らしければ共産主義……と欲をかいた日々もございました。

今、八十六歳にもなりまして白髪振り乱す年齢にはなりましたが、そのころからその思いは少しも変わりません。出家して七十年余、学ぶほどに足りない自分に気づかされます。わかってなかったな、足りなかったなと思う毎日であります。

松原泰道老師の百歳の時のお手紙に「生涯修行、臨終定年」とありました。私はそれによせて、生涯なんてものではない、「生々世々《しょうじょうせぜ》修行、定年なし」の誓願でこの道を歩ませていただきたい、と。

年だけは重ねてまいりましたが、気持ちは変わらず、「発心百千万発」と、
より一層思いを込めて歩んでまいりたいと切に願っております。

第二図　見跡《けんせき》——足跡を見つける

〔頌〕

水辺林下、跡《あとひと》偏えに多し
芳草離披《りひ》たり見るや也《ま》たいなや
縦《たと》い是れ深山の更に深き処なるも
遼天《りょうてん》の鼻孔《びくう》、怎《なん》ぞ他《かれ》を蔵《かく》さん

水辺林下跡偏多
芳草離披見也麽
縦是深山更深処
遼天鼻孔怎蔵他

〔大意〕

川のほとり、林の木陰ほど、やたらと足跡がついている、芳草が群がり茂っているのをきっと見たにちがいない。たとえ深山のそのまた奥でも、上にむいているその鼻をどうしてかくせようか。

心ざし　ふかき深山の　かいありて
しおりのあとを　見るぞうれしき

よき師に導かれてこそ

第一の尋牛においては、道を求めての旅立ちでした。第二の見跡は、牛を尋ねて深山に入り、ようやくその足跡を見つけたという段階です。

やる気や求める心がおきても、牛というものがどういうものか、何を求めてどう歩いていったらよいか全く見当もつかない状態の中で大切なことは、まちがいのない羅針盤となる正師《しょうし》を求め、その師の教えにしたがって実践の一歩を進めてゆくということです。

榎本栄一さんは、

自分免許はあぶない
これでよろしいかと
よき人に　見てもろうて
また道をあるく

と歌っていらっしゃいますが、気ままわがままな私の思いを先としての旅では、いつ道をそれるかわかりません。かといって、師や教えを択びそこなったら一生とりかえしのつかないことになります。

茅《かや》を摑《つか》みそこぬればその手を傷つけるごとく
あやまれる求道はその身を破滅に導く

と『法句経《ほっくきょう》』は教えております。野山を駆けまわっていて、ふと足を踏みはずしてころびそうになったとき、思わずつかんだ草が茅やすすきだったら手が傷ついてしまうように、まちがった師やまちがった教えについてしまうと、自分の一生を台無しにするばかりではなく、家族、親戚にまでも迷惑を及ぼすことになってしまいます。

一生を託す道の師、人生の師を択ぶのですから、どれほど慎重であっても慎重すぎるということはありません。道元禅師が「正師を得ざれば学ばざるにしかず」とまでおっしゃっておられるように、正師に出会えなかったら、むしろ学ばないほうがよいのです。

道元禅師のお示しになった例に、大工と材木に師匠と弟子の関係をみたてたものがあります。たとえどんなに良い材木でも、腕のない大工の手にかかったら台無しにされてしまいます。反対に、目のある腕のある大工に出会うことができたら、たとえ材木が節だらけであったり曲がっていたりしても、その節や曲がりを見事に生かして使ってもらうことができます。

ちょうどそのように、良き師に出会うことができたら自分の欠点までも生かしてもらうことができるが、まちがった師についていてしまうと自分の人生をだめにしてしまうことになる。そんなことになるくらいなら師につかない方が良い、道元禅師はそうおっしゃっているのです。とんでもない方向違いの方へ迷いこんでしまったり、せっかくの素材を台無しにされてしまっては大変です。

宗教とまでゆかなくても、世の生業《なりわい》の世界や稽古事の世界でも同様に、よき師を択び得たかどうかで、そこに開かれる世界は大きくわかれてゆきます。

日本の文化はすべて、「茶道」「書道」「剣道」「教師の道」「大工の道」など「道」という文字がつきますが、この文字がつく限り、それを通して人生道にまで至るべきものであり、余分なものを捨ててゆく世界でありましょう。

ところが師によっては、学んだことが肩書やうぬぼれとなったり、我見《がけん》を増長させるばかりとなるというように、逆に垢《あか》をつけてゆく導きしかできない人もおります。

みんなでいちばんいいものをさがそう
そして　ねうちのないものに
あくせくしない工夫をしよう

八木重吉さんのこの詩が語りかけているのは、何が真で何が偽りか、何がより価値あるものか、命をかけるに足るものは何か、ということではないでしょうか。択ぶ目の深さがその人の人生を決めるといえましょう。

良き師、良き友、良き教えを択び抜き、それに導かれ、それに従い、学びに学んでいるうちに、どこをどう歩いていったらよいか、その方向がどうやらわかってきたというのが第二の「見跡」という段階といえましょう。

何もかもなげうって

死さえもいとわないほど
価値ある宝が見つかった時にこそ
人はほんとうの意味で生きる

と、アントニー・デ・メロは歌っています。道を求め、正しい教えを聞くために、羅刹鬼《らせつき》に捨身供養《しゃしんくよう》した雪山の修行僧の話が思い出されます。命とひきかえにしても悔いないほどの素晴らしい師や教えに出会うことによって、人は本当の意味で命をかがやかせることができるのでありましょう。

しっかり学ぶ

この第二の見牛の図にそえられた慈遠の序は、「経に依って義を解《げ》し、教を閲《けみ》して蹤《あと》を知る」という言葉で始まっています。幸いに生き見本の正師に逢うことができればよいが、同時に経論を通してもしっかり学べというのです。

笛岡凌雲老師が若き日の澤木興道老師に語ったという言葉が忘れられません。「宗門には教外別伝《きょうげべつでん》、不立文字《ふりゅうもんじ》ということを浅く解して教学の勉強をしない人が多い。しかし教相《きょうそう》の参究という背景のない坐禅は、秤《はかり》を持たない商売のようなもので危険ですぞ」と。

この指示にしたがい、後に澤木老師は法隆寺の勧学院でかの有名な佐伯定胤僧正についてしっかりと教相を学ばれました。

教相の学びを「指月《しげつ》」といって月をさす指にたとえます。指に導かれてまちがいのない月を見、さらに指を離れて月と一体とならなければいけないのです。北斗七星を月と見あやまってもならないし、指のまわりをグルグルまわり、指にばかりこだわって月を見ないのでもいけない。そういう意味で、教相を学ぶにあたっても、正しい師を択ぶことの大切さを思うことです。

「指に導かれてまちがいのない月を見、指をはなれて月と一体となる」と申しました。指にこだわり、指のまわりをグルグルまわっているとは、たとえば文字や言葉を通しての教えにこだわりつづけ、私の今ここの実践（月と一体となる）に到らないことを意味します。そういうあり方を澤木老師は「ことづけ仏法」とか、「立ち見席の仏法」とか「傍観者の仏法」といって誡められました。

第三図　見牛《けんぎゅう》——牛と出会う

〔頌〕

黄鸎《こうおう》枝上、一声声
日暖かに風和やかにして岸柳青し
只だ此れ更に廻避《かいひ》する処無し
森々たる頭角《づかく》、画《えが》けども成り難し

黄鸎枝上一声声
日暖風和岸柳青
只此更無廻避処
森森頭角画難成

〔大意〕

鴬は樹上に声をあげつづけ、春光は暖く、春風は穏やかで岸の柳は青い。ほかならぬこの場所より他に逃れようはないのであり、威風リンリンたる牛の角は画にも描けない美しさである。

青柳の　いとの中なる　春の日に
つねはるかなる　形をぞ見る

天地の働きと気づく

仏性である牛やもう一人の私を尋ねて修行に旅立ち（尋牛）、師の教えに導かれて深山に分け入り、ようやくにしてその足跡を見つけ（見跡）、さらにその足跡を辛抱強く尋ねていくうちに、その牛に出会うことができた段階が、第三の「見牛」です。

大流行したインフルエンザにかかり、「老人が肺炎になって大勢亡くなっている。先生も若くないんだから」などと、おどかされたりすかされたりして四、五日床に臥したことがあります。

一日中、横になっているのですから、ふだんの寝不足解消とばかりに眠ろうとしたのですが、体調が整わないと眠ることさえできません。呼吸が苦しかったり、体中が痛かったりで、一日中、一晩中、寝返りを打ってみたり、足や腰を伸ばしてみたり、体を縮めてみたり、さすったり……。

やっとのことで眠りらしい眠りを少しいただくことができたのは、床について四日目の夜。五日目の夜になって、健康なときとほとんど同じような眠りをいただくことができましたが、眠ること一つも自分の力でしているのではないということに、あらためてしみじみと気づかせていただいたことです。

一日が終わると
インドの人　中国の人　日本の私
みんな同じねむりを　大自然さまからいただく

これは、榎本栄一さんの「ねむり」という詩です。眠り一つも自分の力ではできません。眠ろうとどんなに努力しても、眠れないときには眠れないし、眠ってはいけないと眼をつりあげたりアチコチつねってみても、眠いときには眠ってしまうものです。私の力ではありません。天地いっぱいからのお働きをいただいて、初めて眠り一つも頂戴できるのです。

「ほんとにね、息ひとつでもわが力でしとるでないこたようわからんか。ビチビチして泣いとるときでも、やっぱり息しとる。おかしいておかしいて腹ねじれるほど笑うとるときでも、やっぱり息しとるがや。そうすっとわが力なんにもなかった。みんな与えられたもんやったなあというもん、いただかいてもろうと、あったかい世界やわね」

これは、小松市の山越初枝さんという七十六歳になるお婆ちゃんの述懐です。「この一息までもおあたえやった」「ありゃあ、えらい思い違いをしとったと気づかせてもらったときは、もう仏さまの世界の真只中においていただいているときだ」と初枝さんは語っておられます。

夜眠るときに、よほど悪い病気をもっている方でない限り、ひょっとして眠っている間に呼吸が止まってしまったらどうしよう、と心配する人はまずいらっしゃらないでしょう。眠りこけている間も心臓や肺が働きつづけ、自分を生かしつづけてくださることに、何の疑いも抱かずに信じきり、まかせきって眠ります。

この働きに気づき、その働きが見えてくること。これを「見牛」といいます。自分の小さな思いのとどかない、はるかなる働きによって生かされている私であることへの目覚めや出会いを経験すること。これが第三の「見牛」の段階なのです。

廓庵和尚は、その「見牛」に「黄鸝《こうおう》枝上《しじょう》、一声声《いちせいせい》、日暖かに風和やかにして岸柳《がんりゅう》青し」と頌《じゅ》（詩）を添えられました。つまり、鸝が鳴くのも、柳がみどりの髪をくしけずるのも、みな天地いっぱいの仏さまのお働きのほかの何ものでもないことに気づくことを見牛というのである、ということです。

ニュートンがリンゴの落ちるのを見て引力が働いていることに気づいたこと

は有名です。ニュートンが引力を発見してから引力が働き出したわけではなく、見つけ出そうと見つけ出すまいとにかかわらず、引力は始めから働いているわけです。

これを本具《ほんぐ》といいます。その働きの只中にあって、それを現に今ここで使いぬかせていただいていても、認識に上《のぼ》らせることができなければ、その人にとっては無いと同じです。同じリンゴが落ちるという現象を見ていても、Aの人には引力の働きがはっきりと見えているが、Bの人にはリンゴが落ちたということのほかは何も見えていないように。

見えているといないとでは、そこに展開する世界に大きなへだたりが生じます。この目に見える世界をしてあらしめている大いなる働きに気づく段階が「見牛」といえましょう。

さんざんに探し求めてみなければ

道元禅師が中国からお帰りになって最初に書かれたものが『普勧坐禅儀《ふかんざぜんぎ》』。その次に立教開宗の宣言ともいわれている『辦道話《べんどうわ》』を著されました。

その冒頭に、「人々の分上にゆたかにそなはれりといえども、いまだ修せざるにはあらはれず、証せざるには得ることなし」の一句が登場します。

この一句は、道元禅師が求道の旅に出られた初めの頃にいだかれた大疑問への答えともいってよいでしょう。

「『本来本法性、天然自性身』、もとから仏さんだと説く。もともと仏なら何も修行することはなかろうに、なぜ修行せねばならないか」。

若き日の道元禅師はこの疑問を持って比叡山を下り、建仁寺へ。さらに中国へ。そしてようやくにして如浄禅師に相見することができ、この疑問を解決することができた。その答えがここに記されているといってもよいのではないでしょうか。

「人々の分上にゆたかにそなはれり」、気づく気づかないにかかわらず、人も、一切のものも、初めから天地いっぱいのお働き（仏性）をいただいて、それぞれの生命のいとなみがあるんだよ。しかしそのことに気づかなければ自分のものとはならないんだよ。気づくためにはさんざん求め、探し、学びつくして、〝ああそうであったか〟と納得せねばならない、というのです。

無始劫来《こうらい》そうであったことに、さんざん求め、探し、学び（修し）つくして、ようやく〝ああそうか、そうであったか〟（証）と気づかねば、自分の今日只今の生きざまとして生きてこないというのです。

一輪のすみれのために
地球がまわり、雨が降り、風が吹く。

アメリカの国立公園の父と呼ばれたジョン・ミューアの言葉です。六年の間、山を歩き回り、大自然の声をつぶさに聞いた人の言葉です。一輪のすみれを咲かせる背景に天地いっぱいの働きが、黄鶯《うぐいす》をさえずらせる背景に天地いっぱいの働きが、私がこうして書くことができる背景に、地球ばかりではない、太陽から銀河系の働きまでもがある。

しかも、その働きに気づくことができるのは人間だけだというのです。気づくためにはまず疑問を持ち、その解決のために参師聞法《さんしもんぽう》の旅をつづけなければだめなんだよ。気づいてみたら、何も新しいもの、ないものを手に入れるのではなくて、初めから授かっていたことに、〝ああそうであったか〟と気づくだけのことであったというのです。

「見」ということ

十牛の中で「見」の字が出てくるのは「第二、見跡」「第三、見牛」の二度だけですが、この「見」について考えてみましょう。

道元禅師は『辦道話』の冒頭で、「修せざるにはあらはれず、証せざるには得ることなし」とおっしゃり、そのあとで「覚知にまじわるは証則にあらず、証則には迷情及ばざるがゆえに」と付言しておられます。気づかねばならないが、気づく対象は途方もないもので、凡情の及ぶものではないというのです。

さらに、

参学眼力の及ぶばかりを見取・会取するなり。（『正法眼蔵』「現成公案」）

と示しておられます。気づかねばならぬ。しかし気づきは自分の持ちあわせている貧しいモノサシの範囲でしか気づけないいんだよ、ほんの一部を、しかも自分の角度からしか垣間見れないいんだよ、とだめ押しをされる。

経典に「群盲摸象《ぐんもうもぞう》」という譬喩が示されています。目の不自由な人々に王様が象を見せてやろうとされた。手さぐりで象の鼻にさわった人は「象はホースのようだ」と言い、耳にさわった人は「団扇《うちわ》のようだ」と言い、腹にさわった人は「壁のようだ」と言ったという話。間違いではないが、ほんの一部しか見ていないわけです。われわれがもし気づいたとしてもこの程度なのだと、譬喩をもって示しておられます。

さらに、内山興正老師は「ミイラになったような悟りをショイマワシテモしょうがない」と言っておられます。気づきを別の言い方をすれば見性、お悟りを開くということです。一度悟ればよいというものではない。そのときの持ちあわせの寸法で気づいただけ。限りなくそれを捨て、深めてゆかねばならないのです。

もう一つ内山老師がつねづねおっしゃった言葉に、「修行はつねに現在進行形」という一句がございます。「悟った」という過去形をひきづらない。つねに「今、どうじゃ」と問いつづけることの大切さを思います。

「見」についてもう一言。禅では古来から「見」を「現」として読むことが多い。たとえば「深入禅定《じんにゅうぜんじょう》、見十方仏《けんじっぽうぶつ》」という言葉を、「深く禅定に入りて十方の仏を見る」のではなく、「十方の仏を現ずる」と味読するように。この見方は、認識の段階から行ずるという段階へ一歩進めているといえましょう。

しかしこの「第二、見跡」「第三、見牛」の段階での「見」は、あくまでも認識の段階、頭でわかるという段階と見ておきたい。「見」を「現」と読む行得、体得の段階は、次の「得牛」「牧牛」の段といえましょうから。

第四図　得牛《とくぎゅう》——牛をとらえる

〔頌〕

精神を竭尽《けつじん》して渠《かれ》を獲得す
心強く力壮《さか》んにして卒《にわか》に除き難し
有る時は纔《わず》かに高原の上《ほとり》に到り
又た煙雲深き処に入って居す

竭尽精神獲得渠
心強力壮卒難除
有時纔到高原上
又入煙雲深処居

〔大意〕

精力の限りをつくしてその牛を捕えたが、牛は頑固に力みはやって、簡単には手におえぬ。突然高原にかけのぼったかと思うと、さらに深い雲の中に居すわってしまう。

はなさじと　思えばいとど　こころ牛
これぞまことの　きずななりけり

体得――体で受けとめる

この天地はどうなっているのか、その中にあって自分の命がどのように生かされているのか、そのことに気づけば、おのずからどう生きていけばよいかも見えてきます。この段階が「見牛」ですが、気づいただけではいけません。体で受けとめねばならないのです。

頭でわかるということと、実践に移すということ、私自身の人生を通すということとの間には、大きなへだたりがあります。わかってはいるけれど止められない自分や、わがまま気ままにしたいばかりの自分の手綱を四六時中ひきしめて、何とか歩むべき方向へと努力し続けるのが、第四の段階の「得牛」です。

七里《しちり》和尚《わじょう》というお方は、「口の中に豆をくわえているように念仏をはなすな」とつねづね語っておられたといいます。口の中に豆をくわえても吐き出してはいけない、呑みこんでもいけない、いつも豆が口の中にあって、意識がそこから離れないように念仏三昧で暮らせとおっしゃるのですから、大変なことです。

澤木興道老師は「仏法とは、生活の全分を仏にひっぱられてゆくということじゃ」とおっしゃっていました。これは、一日二十四時間のすべてを、いついかなるとき、いかなることにおいても、仏さまにひっぱっていただき、教えにしたがって歩めということです。

念仏というと、とかく口で称えるいわゆる口称《くしょう》念仏のみを思い浮かべがちですが、そうではありません。念仏とは、仏を念《おも》うて忘れないことであり、それはおのずから実生活の上に現れてこなければならないのです。七里和尚のおっしゃることも澤木老師のおっしゃることも一つであったと気づかせていただくことができます。

これを自動車運転にたとえてみましょう。何とか頭で運転ルールを理解することができても、実践はむずかしいものです。全身に汗しながら、最高に緊張した状態で運転することになります。一つ判断をあやまると自他ともに生命の危機にさらされることになるからです。しかし、この段階を経ないと運転が自分のものにはなりません。

この状態を示すのが、牛の手綱をつかまえることができたものの、思うように制御できず、ふりまわされ必死になって牛についていこうとする童子の姿で、手綱は切れんばかりにピンと張っています。

道元禅師は、自我（「凡夫の私」「わがままな自己中心の私」）と自己（「仏性の私」「もう一人の私」）の二つに分けて「私」を表現されました。十牛図では、この凡夫の私を童子に、もう一人の仏性の私を牛にたとえたとお考えいただきたいのですが、これはとりもなおさず、仏性の私に凡夫の私が引っ張られている姿を示しているといえましょう。

澤木老師は、「十万億土とは自分から自分への距離だ」とおっしゃり、また「自分が自分で自分を自分する」とも語っておられます。これは、自我から自己への距離ということであり、自我の私を無限に放下《ほうげ》して自己の私に返ることといいかえることができましょう。

高弟の内山老師は「坐禅とはこの私を十字架にかけることだ」とおっしゃいました。つまり、自我の、凡夫の私を十字架にかけて死にきらせ、仏性の自己であるもう一人の私によって生きることが坐禅であり、坐禅人の生活態度だとおっしゃっているのです。

理屈ではわかっても、実践はむずかしいものです。たちまちわがままな自我がおどり出し、牛である自己はどこかへ姿をくらませてしまいます。気まま、わがままな私の思いがすぐにとび出してくるのです。凡夫ですからそういう思いがおこるのはやむを得ませんが、それを実践に移さず、その思いがあばれ出さないようにそっとおもりし、あるいは手放し、あるいは無視して、天地の道理にしたがい、仏さまの仰せに従って今の一歩を歩む。童子が牛に引っ張られていく姿は、そんな生き方を象徴するものといえましょう。

妙好人《みょうこうにん》である因幡《いなば》の源左《げんざ》さんの言葉に、「極楽へゆきつもどりつ南無阿弥陀仏」というのがあります。南無阿弥陀仏という牛を手に入れることができたればこそ、極楽へゆくこともできるかわりに、ふっと念仏がどこかへ行方不明になり、自我がおどり出てしまったことにも気づかせていただけるのです。

こうして、起きるのも眠るのも、食事をいただくのもお手洗いで用をたすのも、生活の全てのありようを、仏さまにお尋ねし仏さまに引っ張られ、教えにしたがって歩むための心得として、道元禅師は「洗面の巻」（顔の洗い方）、「洗浄の巻」（お手洗いの用のたし方）、「赴粥飯法《ふしゅくはんぽう》」（食事のいただき方）、「典座教訓《てんぞきょうくん》」（台所をつとめる者の心得）という形で、具体的に、親切きわまりない姿でお説きくださいました。

生活の全分を仏さまにひっぱられてゆく

何十年か前のことになりますが、禅を聞く会で、講師としてお能の金春の家元の方とご一緒しました。楽屋にまいりましたら、お家元は紋付き袴で端然と座っておられました。私が座につくのを待つようにして、「今日は楽しみに参りました。若い時から坐禅をしたい、禅のお話も聞きたいと思いながら、家元修行に忙しく今日を迎えました。いったい禅とは何なのでしょう？　禅と生活とはどういう関係にあるのでしょう？」と聞かれました。

出番五分前、簡単にこう申し上げました。「禅には狭義の禅と広義の禅があります。狭義の禅は悟るための禅。広義の禅は二十四時間の生き方全部です。道元禅師の禅は広義の禅です。道元禅師は禅という言葉さえ嫌われ、ご自分のことも仏法坊とよんでおられました。

お能の舞台にたとえてみましょう。ひと度、舞台に上がったら、どのひと手も、どのひと足も大事にあるべきように舞い、舞台をおりる。かくてようやく一つの舞台をみごとに舞いおさめたと言えましょう。舞台の中の一部分だけちゃんと舞えばよいというものではない。家元さんの人生を舞台に考えてください。食事や入浴、睡眠も含め、すべてかけがえのない命の一コマでしょう。一コマ一コマを大事に生きる。その姿勢を広義の禅と言います」。そんな返事をしたことです。

岡山のノートルダム清心女子大学の学長を勤めておられた渡辺和子先生とは、二十年来のご交誼をいただいて参りました。二・二六事件で犠牲になられた渡辺錠太郎閣下の晩年のお子さんですね。三十歳近くなられてから修道女としての道に入られ、アメリカで訓練を受けているときのお話をされました。

和子先生は配膳係という配役をいただき、お皿並べをしていたそうです、「こんなつまらない仕事」と思いながら。背後から修練長の声がかかった。「シスター、どういう気持ちでお皿を並べておりますか?」と。体がしゃべっていたのでしょう、「つまらない、つまらない」と。修練長は言いました。「シスターは時間を無駄に過ごしております。同じ皿を並べるなら、やがてそこにお座りになるお一人お一人の幸せを祈りながら並べたらどうですか」と。あとは和子先生の言葉です。

「つまらない、つまらないと思って並べたらつまらない時間を過したことになる。ロボットのような並べ方をしたら空しい時間を過ごしたことになる。『お幸せに』と祈りながら並べたら、愛と祈りの時間を過ごしたことになる。その祈りがやがてそこにお座りになる方に届くか届かないかはどうでもよろしい。時間の使い方は生命の使い方です。一時間をどう使うかということは、一時間の生命をどう使うかということです。世に雑用はありません。用を雑にしたとき雑用が生まれるのです」。

道元禅師が『典座教訓《てんぞきょうくん》』(料理をする者の心得)の中で、同じ台所の仕事をするにも、それに立ち向う人の心のあり方一つで、仏事として昇華もすれば、俗事にも落とすと示された言葉と重ねながら、傾聴した日のことを忘れません。

道元禅師はさらに「身肉手足を断つことは易きことなり。……よりくる時に事に触れ物に随って心品を調うるは難きなり」(『正法眼蔵随聞記』)と示しておられます。千日回峰行とか断食とか火渡りとか、特別のことをするほうがむしろ楽で、何でもないすべてのことを、あるべきように努めることのほうが難しい、とおっしゃる。誰もができない特別のことは、「やった!」という自己満足もあり、ニュース・バリューもあります。しかも始めがあり、終りがあります。「よりくること」は二十四時間態勢、一生という姿勢。生々世々《しょうじょうせぜ》という姿勢、一服なしという姿勢です。

どの時間も、かけがえのない、やりなおしのできないわが生命として、道にかなった生き方をしようと願う。お手洗いの使い方から着替えの仕方、アクビやクシャミの仕方まで。それが道元禅師の修行観であり、牛にひっぱられてゆく童子の図からの学びとしたいと思うことです。

第五図　牧牛《ぼくぎゅう》——牛をかいならす

〔頌〕

鞭索時々《べんさくじじ》身を離れず
恐るらくは伊《かれ》が歩を縦《ほしいまま》にして埃塵《あいじん》に入らんことを
相将《あいひき》いて牧得《ぼくとく》すれば純和《じゅんな》せり
羈鎖拘《きさこう》すること無きも自《おの》ずから人を逐う

鞭索時時不離身
恐伊縦歩入埃塵
相将牧得純和也
羈鎖無拘自逐人

〔大意〕

鞭と手綱を片時も手放さぬのは、牛が勝手に歩いて塵埃の中に引き入れる心配があるからだ。よく飼い慣らせば、すっかりおとなしくなり手綱で拘束しなくても自分のほうからついてくる。

日かずへて　野飼いの牛も　手なれれば
身にそう影と　なるぞうれしき

おのずから身についてくる

キリスト教（プロテスタント）では、神の教えを説く方のことを牧師さんと呼びます。キリスト教の場合は、万物の造り主である神と造られたものとは大きく分かれ、造られたる者は神にはなれないというあり方であるために、契約の宗教といわれます。その神に代わって、神の子である子羊（人間）を神の教えに背かないように飼いならしてゆくというので、牧師と呼ぶのだとうかがっております。

それに対して仏教では、創造主の神というものをたてません。自分の他に仏を認めず、気づく気づかないにかかわらず、始めから仏の命をこういう姿でいただき、仏のお働きの全分をいただいて刻々に生死していると説きます。

よき先達《せんだつ》の導きにはよるけれど、絶対に助けなしのところ、どこまでも自分の人生を築きあげる主人公は自分でしかない、というところに腰をすえよ、元から全部が仏の命であることに気づけよ、目覚めよ、というわけです。

内山興正老師はこれを、「屁一発さえも貸し借りできないのが人生というもの。それを〝他は是れ吾に非《あら》ず〟という」と語っておられました。
第一の「尋牛」のところで引用した八木重吉さんの、

さがしたってないんだ
じぶんが
ぐうっと熱が高まっていくほかはない
じぶんのからだをもやして
あたりをあかるくするほかはない

の詩は、ロウソクを思い浮かべてのものでしょうか。

信州の冬の、まして山寺の本堂の寒さはきびしいものです。朝のお勤めをしようとロウソクに火をともすとき、不用意に直接ロウソクの芯に点火すれば、零下一〇度前後という寒さのために、固くなっているロウは溶けないまま、芯だけ一瞬の間に燃え尽きてなくなってしまいます。注意深く周囲のロウを温め、溶かしてから最後に芯に点火すると、芯は油を吸いあげながら炎を大きく燃えあがらせ、燃えあがらせた自らの炎の熱で、あとは自らのロウを溶かしながら、ともしつづけることができます。

ちょうどそのように、初めは師や友の力を借り、導かれてロウを溶かし、火をともし、歩みゆくべき方向を指示していただかねばなりませんが、あとは自らが燃えつづけることで歩んでゆかねばならないのです。

十牛図をよくよく見つめてみましょう。第四の「得牛」の方は、牛が先に走り、童子は放すまいと手綱を持ちながら、かろうじて後に従っています。手綱は切れんばかりにピーンと張られていて、童子は息も絶えだえに仏法に引っ張られ、仏法を見失うまいと必死にとりすがっている姿が見えます。こういう段階も経ねばなりません。

活け花の話

活け花の技の習得の道程にたとえてみましょう。私がお花を習いだしたのは十九歳。大学へ入学した年です。師匠について習うこと四か月、活け方の基本を教えていただきました。十牛図でいったら、「第二、見跡」「第三、見牛」の段階といえましょう。

夏休み、信州の自坊に帰り、境内《けいだい》や山野に自生している枝ものや花をとり集め、「さあ活けるぞ」とばかりに勢いこんで水盤に向かいました。ところが、何としても材料がいうことをきいてくれず、ぼうぼうとした藪であるだけで、形にならないのです。さんざん苦労したあげく、花鋏《はなばさみ》を投げ出して、目の前の花の情けない姿を呆然と見つめていたときの思いを、今も忘れません。

これは、牛にふりまわされてどうにもならない状態といえましょうか。第四の得牛の牛にふりまわされている図そのものといえましょう。

数年の後、どんな材料を与えられても、どうやら苦労せずにこなせるようになりました。これが、牛が後からついてくる「牧牛」の段階です。

最近の私は、「お茶は裏表流、お花は青山流」などといって、流派を忘れ、自由に花と遊ばせていただいています。そんな私に、よく「お花の活け方を教えてください」という質問がとびますが、そのとき私はこのようにお答えします。「お花に聞きなさい」と。

花という材料と活ける私と二者があって、「活ける私の思い通りに花を活けこなしてやろう」などという思いがあって活けるときは、決して良い花は入りません。ときとしてみごとに花を調御し得て、見る人をうならせるような立派な花になることもありますが、少し見方を変えれば、活け手が花の前にせせり出て「どうだ、うまいだろう」と高慢になっている姿が鼻につき、またその力みが見る人を疲れさせてしまいます。こういう段階も経ねばなりませんが、未だしといえましょう。

花と活け手とが全く一つにとけあい、活け手は活けるという意識もなく無心に花と対し、花の声に耳を傾け、何のはからいもなく、ただ花に随ってゆくのみ。そしてそこにおのずから成る一瓶《いっぺい》の花。そこにあるのは花のみ、活け手は花の中に姿を隠してしまっている。そのとき花は、本然の姿で生き生きとそこに息づき、見る人の心もやすらかにします。

武家茶道の一派である石州流の祖といわれる片桐石州の言葉に、「茶の湯さびたるはよし、さばしたるは悪しき」というのがあり、また松尾芭蕉は、

> 句作になるとするとあり。内をつねに勤めて物に応ずればその心のいろ句となる。内をつねに勤めざるものは、ならざるが故に私意にかけてするなり

と語っている。廓庵の頌の最後「羈《き》鎖《さ》拘すること無きも自ずから人を逐う」の境界といえましょうか。

第六図　騎牛帰家《きぎゅうきか》——牛に乗って家に帰る

〔頌〕

牛に騎《の》って迤邐《いり》として家に還らんと欲す
羌笛《きょうてき》声々晩霞《ばんか》を送る
一拍一歌、限り無き意
知音《ちいん》は何ぞ必ずしも唇牙《しんが》を鼓《こ》せん

騎牛迤邐欲還家
羌笛声声送晩霞
一拍一歌無限意
知音何必鼓唇牙

〔大意〕
牛にまたがってぶらりぶらり家路をめざせば、えびすの笛の音が一ふし一ふし夕焼け雲を見送る。一つの小節一つの歌曲にも言いようのない気持がこもっていて、直に音曲を解する人にはよけいな説明などさらさら無用である。

すみのぼる　こころの空に　うそぶきて
たちかえりゆく　みねのしらくも

すべてを遊びとしてたのしむ

牛に乗って家に帰る段階が、六番目の「騎牛帰家」です。

牛の手綱を片時も手放さず、念々に心をひきしめて、我と我が心を牧しつづけることで、手綱など持たなくても、その背に乗って、花に遊び月にうそぶいていても、牛は自然に、歩むべき道を歩むべきあり方で進むようになります。

廓庵禅師はそこのところを、

干戈《かんか》已《すで》に罷《や》んで得失《とくしつ》還《ま》た空《くう》ず
樵子《しょうし》の村歌を唱え児童の野曲を吹く

と頌しておられます。干は盾《たて》、戈は鉾《ほこ》であり、戦いのことです。わがままいっぱいの凡夫の私と、あるべきようにしたがって生きたいと願うもう一人の私。自我と自己の戦いの年月も、やがて通りこし、心を労せずしておのずから道にかなうようになってゆく姿といえましょうか。

手綱を持たずに牛の背に乗り、笛を吹きながら四方の景色をたのしんでいる童子の姿から、先ず学んでおきたいことは、「遊び」という姿勢です。『観音経』に「遊於娑婆世界《ゆうおしゃばせかい》」という言葉があります。観音菩薩は娑婆世界で苦しんでいる人々を救うことを喜びとし、遊びとしておられるというのです。

なすことの　一つ一つが　たのしくて
いのちがけなり　遊ぶ子供ら

これは四国・瑞応寺の楢崎通元老師が、手まりをつく子供の絵に添えられた歌です。子供達は遊ぶことに夢中になっている。遊びには目的も計算も何もない。そのこと自体を目的とし、しかも一途にそのことに打ちこみつつ、しかもたのしんでいる。人生の一つ一つもそうありたいものと思うことです。

歳を重ねるほどに加速度的に多忙となり、体が悲鳴をあげていることにも耳をかさず、走りつづけてきたツケが来たというものでしょうか。今年になってから半年のうちに二度、脳梗塞と心筋梗塞をおこして救急車で病院へ。

体のあちこちの痛みは別として、病むことを通し、また病院で眼前にくりひろげられる景色を通して、気づくこと学ぶことが山ほどあって、毎日毎日をたのしく実り豊かに、「南無病気大菩薩」とすごしたことでした。

次は病院のベッドの上で書き、新聞社に送ったコラムの一節です。

病院はいいところだ。人生の一生の姿が一瞬にして目前に、しかも動画として見ることができるから。朝、お手洗いに立つ。元気な看護師さんや食事の配送係が忙しく走りまわっている。点滴の支柱に支えられながらソロソロと歩いている人、車椅子で運んでもらっている人……。

一日が終わって夜の扉がおりる。病人にとって夜は辛《つら》い。向かい側の人は何かあったらしく数時間もゴソゴソやっている。隣の人はずっと高いびき。いびきにもいろいろリズムがあるものだな、と思いつつ聞いている。当の私も背中や膝やそこら中が痛くて、なかなか寝つかれない。

昔、九十歳を過ぎた師匠が体のあちこちの痛みで眠れず、わずか五分がナガーク感ずると言った言葉や、

眠り得ぬものに夜はながく
つかれたるものに五里の路はながし。

とおっしゃった釈尊の言葉を思い起こす。

「一度寝たら死んだように眠ってしまう」といった雲水の言葉や、曽《か》つて私も

〝寝床に入って眠れないなんて、そんなぜいたくな。私など夜中、起きているうちから半分眠ってしまうくらいまで仕事しているんだから〟などとうそぶいていたが、これも健康な証拠。眠れないということを通して、眠ることができる、それも安らかな眠りを頂戴することができるということが、どんなにすばらしいことかに改めて気づかせていただく。

心筋梗塞を起こして救急車で運ばれ、治療が終わって集中治療室での二、三日はとにかく苦しかった。吉野秀雄の最晩年の歌が脳裏をかすめる。

わが願い小さしとも　小さくなりたりな
ただらくらくと　呼吸させたまえ

道元禅師は「生死は仏家の調度」とおっしゃり、さらに「四運を一景に競え」と示された。

現代は老人は施設へ、病人は病院へ。目の前に見えるのは元気な姿のみ。一生を「生老病死」という言葉であらわすなら、「生」の一面のみ。人生は「生老病死、愛憎、損得……」あらゆることから成り立っているのに。それを道元禅師は「生死」の二字で表現され、それが人生であり、また仏の家の道具だてでもあるとおっしゃる。さらに一歩進めて、豊かな景色として楽しんでいけとおっしゃる。

そういう意味で病院は人生の縮図。全部を一瞬に展望させてもらえる。杖《つえ》にすがって歩く自分の姿もその動画の中に点在させながら、病気のおかげで観《み》ることができ、味わうことができた山々のことどもを楽しんでいる。

榎本栄一さんの詩に、「下り坂には下り坂の風光がある」という詩があります。

人生の旅路にはいろいろな景色が展開します。一喜一憂せず、下り坂では下り坂でしか見ることのできない景色を、どん底ではどん底でしか見ることのできない景色を、たのしませてもらおうと姿勢をたてなおしてみますと、気づかせていただくこと、学ばせていただくことの何と多いことか。

さらには、病んでいる自分をも景色の中に遊ばせながら、古人の言葉と重ねて味わい、楽しませていただける、もう一人の私の目を頂戴できたこと、つまり仏法に出逢えた幸せを、あらためて噛み締めたことです。

「帰家」——頂上をきわめたら帰ってくる

ここで一つ見落としてはならないものとして、「帰家」、つまり帰ってくるという大転換があります。道を求めて山に登り、登り登って頂上をきわめ、広い世界、真実の世界を展望することができたら、そこに酔って止まらず、麓へ下りて来なければなりません。

利休さんも、

稽古とは　一より習い　十を知れ
十より帰る　もとのその一

と教えておいでですが、何も知らない頃の「一」と、究めつくして帰った「一」とは中身が違います。山に登る前の麓の景色と、頂上をきわめて後に帰りきたった麓の風光とは、同じであって全く違ったものでもあるのと同じといえましょう。

「無住《むじゅうしょ》処涅槃《ねはん》」という言葉があります。涅槃にも住みとどまらない。つまり悟ったということにも、あるいは善いことをしたということにも、修行してきたということにも、とどまらない。いわゆる「捨」の修行です。

道元禅師は「身心に法が参飽《さんぼう》したとき、ひとかたは欠けたると覚ゆ」、つまり仏法の学びや修行が身心に満ち満ちている人ほど、本人の自覚としては、「まだ足らぬ、一層足らぬ」という思いになるというのです。したがってまさに、「道窮《きわま》りなし」「卒業なしの精進あるのみ」という姿勢になるのではないでしょうか。

そこを澤木興道老師は、「正気になるほど自分のお粗末さかげんがわかる」とおっしゃいました。深まるほどに謙虚にならざるを得ないというものでしょう。したがって本人の自覚としては、山の頂上をきわめたという自覚などないということになりましょう。深まるほどに足りない自分、正気になるほどにお粗末な自分に気づくというのですから、本人としてはひたすらに精進あるのみ、ということになりましょう。そういう方の生きざまを第三者が見ていると、山をおりてきた姿と見るのではないでしょうか。

第七図

忘牛存人《ぼうぎゅうそんじん》——牛は消えて人が在る

〔頌〕

牛に騎《の》って已に家山に至ることを得たり
牛も也《ま》た空じ人も也た閑《しずか》なり
紅日三竿《こうじつさんかん》、猶《な》お夢を作《な》す
鞭縄《べんじょう》空しく頓《さしお》く草堂の間

騎牛已得至家山
牛也空兮人也閑
紅日三竿猶作夢
鞭縄空頓草堂間

〔大意〕

牛にまたがってもう家にやってきた。牛は姿を見せず人はのんびりだ。朝日がたかく昇っても、かれはまだ夢うつつ。鞭と手綱は藁屋のあたりに置きっぱなし。

よしあしと　わたる人こそ　はかなけれ
ひとつなにわの　あしと知らずや

常に真新しい心で

毎年夏、二泊三日の禅の集いというのを開いて、今年で五十三回目を迎えました。いつのまにか半世紀を越えたことになります。この間、二十年、三十年と続けて参加してくださっている方もたくさんあります。開会式の挨拶にこんなことを申し上げたことがございます。

「〝よし、参加しよう〟と立ちあがり、一度や二度で止めず、何十年と参加しつづけてくださる。いわゆる相続です。大切なことです。しかし次に大切なことは長く続けてきたことを忘れることです。人というものは悲しいもので、いつの間にかそれを自慢高慢の種にしてしまいます。こういうのを〝坐禅ぼこり〟〝念仏ぼこり〟といいます。やったことを忘れ、つねに今初めて坐禅する、今初めてお話を聞くという、つねに真新しい思いですべてのことに立ち向ってください」と。

澤木興道老師はよく「大切なことは耳なりがするほど聞け」とおっしゃいました。しかも「毎回、初めて聞く思いで聞け」と。むずかしいですね。

第六の「騎牛帰家」までは牛と童子の姿が描かれていましたが、この第七の「忘牛存人」になりますと、牛の姿が消えております。認識にのぼるということは認識する相手が立っているということ。認識する側とされる側と二つに分かれていないと認識は成立しません。牛の姿が消えるということは、相手と全く一つになってしまっているということを意味しているのではないでしょうか。「熟睡のとき、熟睡を知らず」といわれます。熟睡しているときは熟睡していることさえ意識にのぼりません。〃私は今熟睡しているな〃と思ったら狸寝入りの証拠です。

禅の世界で大切にしている言葉に、「不識《ふしき》」「不知《ふち》」「不会《ふえ》」などという言葉があります。一つ例をあげて説明しましょう。

「地蔵親切」とは

禅の語録の代表的なものの一つに、『従容録《しょうようろく》』というのがあります。その第二十則「地蔵親切」の本則に次のような会話が登場します。

地蔵、法眼に問う、上座いずくにか往《ゆ》くや。
眼云く、迤邐《いり》として行脚《あんぎゃ》す。
蔵云く、行脚の事作麼生《そもさん》。
眼云く、不知《しらず》。
蔵云く、不知《ふち》最も親切。
眼、豁然《かつねん》として大悟す。

「行脚をどう心得ているか」という地蔵桂琛《けいちん》の質問に対し、法眼文益《ほうげんぶんえき》が「不知（しらず）」と答えています。この法眼の「不知」は文字通り「わかりません」という意味でしょう。それに対し桂琛が「不知、最も親切」と言った「不知」は、「知」を通りこして「不知」に到るという深さがありましょう。

道元禅師はこの則をとりあげ、「不知是れ最も親切、知もまた最も親切」と、『永平広録』の中でのべておられます。つまり知の限り、学びの限り、修行の限りをつくして（知も最も親切）、そのことが全く認識にのぼらなくなった状態を、「不知是れ最も親切」といわれたのでしょう。「不識」「不会」も同じような姿で受けとめていただければよいでしょう。

私は、よく自動車運転にたとえますが、最初はまず理屈を覚えます。その理屈が意識にのぼりながらの運転であるうちは、まだ本当ではありません。こうして、どうしてと頭で運転しているうちは本当ではない。そういうものが全くなくなって、無心に何とも思わず、運転できるようになって本物であろうと思う。そういうような意識にものぼらないという状態、このあたりがひとつの大事な「忘」という意味であろうと思います。

道元禅師が「親切」とおっしゃる、この「切」について一考しておきたい。同じく『従容録』の九十八則「洞山常切」の次のような一節があります。

「仏には法身・報身・応身の三つがあるが、そのうちどの仏が説法するのか（意訳）」という僧の質問に対し、洞山良价禅師は「吾、常に此《ここ》において切なり」と答えておられます。

法身だ報身だ応身だなどと仏を観念でこねまわしているうちは未だし。隙間だらけ。今ここにおいて驀直にそのことと一つになって取り組んでゆくのみ。そういう姿を「切」とおっしゃったのではないでしょうか。

「切」という字は親切、密切、適切、痛切などと熟語して、少しも隙間のないこと、一つになりきり、一つになっていることさえ意識にのぼらない姿をあらわしているといえましょう。

ここでもう一度たしかめておきたいことは、第三の見牛のところでものべましたが、一度気づけばよいというものではない。その時の持ちあわせの貧しい受け皿の範囲の気づきにすぎないのだから、無限にそれを捨ててゆく。修行は過去形ではなく、つねに「現在進行形」、「今、どうじゃ」と自らに問いつづけながら進んでゆくべきものであることを再確認しておきたい。

第八図

人牛倶忘《じんぎゅうぐぼう》――人も牛もみな消える

〔頌〕

鞭索人牛《べんさくじんぎゅう》、尽《ことごと》く空に属す
碧天遼闊《へきてんりょうかつ》として信通じ難し
紅爐焔上《こうろえんじょう》、争《いか》でか雪を容《い》れん
此に到って方《まさ》に能く祖宗に合《かな》う

鞭索人牛尽属空
碧天遼闊信難通
紅爐焔上争容雪
到此方能合祖宗

〔大意〕

鞭も手綱も人も牛もすべて姿を消した。青空だけがカラリと遠くて音信の通じようがない。真赤な溶鉱炉の中に雪の入りこむ余地はない。ここに達してはじめて、祖師の心と一つになることができる。

雲もなく　つきもかつらも　木もかれて
はらいはてたる　うわの空かな

からりとした大空のように

第八番目は「人牛倶忘」、人牛とも皆忘れ去り、何も痕跡をとどめないという段階です。

百万石《ごく》の加賀前田侯の庭奉行が、あるとき小堀遠州《こぼりえんしゅう》に庭の掃除の仕方を尋ねたところ、「あまりきれいすぎないほうがよい」という答えが返ってきました。

おどろいた庭奉行が「それなら掃除をしないほうがよいのですか」と重ねて尋ねると、「きれいでさえよくないのに、むさいのはなおさらよくない」と答えたといいます。

つまり〝きれいでさえよくないのだから、きれいになる前の汚れているのはもっとよくない。汚れているのをきれいにし、さらにそのきれいを消し去り、忘れ去ってしまえ〟というのです。

私は悟った、私の心は清らかだ、などという思いが残っているうちは、本物ではないのです。それを超え、忘れ去らねばならない、影をとどめてはならないというのです。

名古屋の万松寺にゆかりのある惟慧《ゆいえ》禅師というお方は、大変高徳のお方であったそうです。深く帰依《きえ》しておられた尾張の殿様が、ある日禅師にお尋ねになりました。「八事《やごと》の定賢律師《じょうけんりつし》という方は二百五十の戒律を守っておられるというが、禅師様はさぞかしもっと守っておられるのでしょう」と。

すると禅師は、「一戒も守っておらぬ」とお答えになりました。「それはまたどういうわけですか」とおどろいて尋ねた殿様に、禅師はにこにこしながら、「一戒も守っておらぬが、一戒も破ってはおらぬ」と答えられたといいます。

守らねばならないと自分に言い聞かせる段階を経て、守るという意識もなくしておのずからかなっている世界なのです。

廓庵禅師は、この境涯をつぎのように美しく序しておられます。

凡情《ぼんじょう》脱落し聖意《せいい》皆空《くう》ず

（中略）

百鳥《ひゃっちょう》華を含む一場《いちじょう》の懡㦬《もら》

凡情も聖意も、鬼も仏も皆空じ去って跡をとどめない状態です。懡㦬というのはインドの言葉で「恥」という意味であり、この一句はこんな逸話を背景としています。

中国に牛頭法融《ごずほうゆう》禅師という方がおられました。山の中で綿密な修行を重ねられ、人々の尊敬を集めていました。人々ばかりではなく山の小鳥たちまでが花をくわえてきて、坐禅をしておられる禅師の前にお供えしたといいます。

ところが、この牛頭禅師の修行が深まり境涯が高くなるほどに、小鳥たちは花を持ってこなくなりました。つまり、小鳥たちに牛頭禅師の偉さがわからなくなってしまったというのです。
「山高うして頂《いただき》をあらわさず」という言葉があります。私たちは、自分の持ちあわせている寸法でしかものを見ることができません。その人の偉さ、高さを真に知ることができるのは、同じ深さ高さを持った者のみであって、力のないものや目のないものには見ること、量《はか》ることのできない世界であり、目のない者にそれと見られ、またほめられたり、ちやほやされることは、むしろ恥と思えとの教えが、「百鳥華を含む一場の懡㦬」の心でしょう。

法相宗の宗祖と仰がれる慈恩大師は、三車和尚と呼ばれたという伝説が伝えられています（『宋高僧伝』）。三車というのは前の車に真理を説いた経典を積み、真中の車に自分が乗り、後の車に家妓・女僕・食饌を乗せて大路を往ったというのです。

家妓はおかかえの遊女、女僕は侍女、食饌は食物。文字面だけを読むと、何と生ぐさ坊主といいたいところでしょう。しかし深層心理学ともいえる唯識教学の始祖ともいえるお方のことです。汚泥にみちた人間を誤魔化さず凝視する、それが後の車でしょう。

唯識の泰斗であられた太田久紀先生は、「汚れを汚れと知るためには、汚れでないものがなければならない。それが前車の経典である」とおっしゃっておられます。何でも出す材料のすべてを持っている私（後と真中の車）が、清らかなものにひっぱられてゆく。まさに牛にひっぱられてゆく姿といったらよいでしょう。

この話にもう一つおもしろいお話がつけ加えられております。三車をつらねて歩いているという慈恩大師のことを知った文殊菩薩が、老父の姿となってあらわれ、その非をいさめられたというのです。慈恩大師は前非を悔い、三車とも捨て去ったというのです。
このお話は第七の忘牛存人、第八の人牛倶忘の両方で味わわせていただけるお話です。

一円相の示すもの

十牛図では、この何の痕跡もとどめない世界を一円相で表現しようとしています。禅の世界では、天地実相の姿や人のあらまほしき姿を一円相で表現いたします。

達摩《だるま》大師は梁《りょう》の武帝《ぶてい》の質問に対し、「廓然無聖《かくねんむしょう》」（カラッとして聖も凡もない）とお答えになりました。また、禅門の言葉に「この世界に処すること虚空《こくう》の如し」というのがあります。カラッとして何もないからこそ、いかなる雲も自在に遊ばせてさしさわりのない大空の如き姿を、何も描かれない円相に託してあらわそうとしたのです。

人間の物差しの全部をはずした世界です。仏という物差しが出れば凡夫がはずれる。聖人という物差しが出れば凡夫がはずれるというように、何か物差しが入ると、物差しに入らないものがはみ出る。人類という物差しが入るばっかりに毒蛇がはみ出る。何の物差しもないから、全部をつつみこむ、これが廓然無聖。凡も聖もない。そういうカラッとした虚空のような姿。これを何も書かれない円相で象徴していると受け止めていただきましょう。

たとえばその反対で、まずは私が入る。私にとって気に入ったか気に入らないか、私にとって損をするか得をするか、いついかなる時も密かに執念深く。たとえば集合写真ができてきたといたします。おそらく誰しもがまず自分の顔を探しましょう。そして自分の顔がよく撮れていると〝これはいい写真だ〟

という気になります。自分が横を向いていたり、目をつぶっていたら、もう写真そのものが意味のないものになる。お隣がよく撮れていたら腹が立つ。そのように、まずは私がいつもど真ん中にトグロを巻いております。カラッとしておりません。

「聖眼私無し」という言葉があります。この陰りもない、ひとつの物差しも入らないカラッとした姿。「虚空のごとく」という言葉を使いますが、空っぽです。これを象徴するのは、この人牛倶忘ということであろうと思うのです。

もう一つ、この円相から学んでおきたいことがあります。

道元禅師のお言葉に「仏道をならふといふは自己をならふなり」という有名なお言葉があります。『正法眼蔵』「現成公案」の一節です。「仏道をならふといふは自己をならふなり、自己をならふといふは自己をわするるなり、自己をわするるといふは万法に証せらるるなり」と進んでいきます。

お釈迦様も道元禅師も自分を出してはならんと、どこまでも仏法をとおっしゃっているのですけれども、この「現成公案」では、「仏道をならふといふは自己をならふなり」とまずおっしゃる。自分が大事。この私をどうしたらいいか。いついかなる時も私が問題です。

その二つ目、「自己をならふといふは自己をわするるなり」。そのわするる意味というのが、次に書いてある「自己をわするるといふは万法に証せらるるなり」。要するに一人で生きているんじゃないんだぞ、全体に生かされているんだぞ、ということです。

「万法に証せらるるなり」ということで、前にもお話をしたアメリカの国立公園の父と呼ばれたジョン・ミューアのことばに、「一輪のすみれのために、地球がまわり、雨が降り、風が吹く」と言っています。一輪のすみれを咲かせる背景に天地いっぱいの働きがあるんだよということを発見するのです。

私を生かしてくださるその背景に天地総力あげての働きをいただいている。こうしておれるのも、この地球の大きさがちょうどいいから、ちょうどいい引力のおかげで、こうして張り付いておれます。月くらい小さかったら浮き上がり、また空気も薄いですから生きておれません。

そして太陽と地球を結ぶ一億五千万キロメートルという距離もちょうどいいから、こうして生きておれるので、ちょっと近かったら焼け死に、遠かったら命はありません。その地球と太陽を結ぶ一億五千万キロメートルという距離を保っている背景には、太陽系惑星相互の引力のバランスと、さらに銀河系の惑星群との引力のバランスがあるんだという、これは科学者の教えです。

以前に愛知万博がありました。お月様のことが出てきたようです。この地球から月という衛星が生まれてくれたおかげで、地球が一日二十四時間の回転になったのだそうです。月という衛星が出なかったら、一日六時間の回転だそうです。六時間の回転では、早過ぎて地球上に生きておれないそうです。

私どもが、ここに命をいただいている背景には、気付かないけれど、天地総力あげてのまことに不可思議な働きを一身にいただいて、この命があるということです。

この働きを象徴して仏（法身仏）と呼ぶのです。この働きを道元禅師は「道《どう》本円通《ほんえんづう》」とおっしゃり、また「剰《あま》ることなく欠くることなし」と示され、それを内山興正老師は「足しまえいらず、糞づまりせず」と訳されました。この円満に完結した働きを一円相であらわしたと、まずはいただきましょう。

その働きに気づこうが気づくまいが、あるいは「私はその円相の外だ」とか「はしっこだ」とか、すねようが、皆ひとしく、人や動物ばかりではなく、一木一草にいたるまで、そのお働きのど真ん中にあって生老病死しているのである。柳宗悦さんが『心偈』の中で、「どことて　み手の真中《まなか》なる」と頌してい るのも、まさにそれといえましょう。

さらに道元禅師は「万法に証せらるるというは、自己の身心および他己の身心をして脱落せしむるなり」とつづけられる。道元禅師は自分のことを「自己」、他人のことを「他己」、先輩のことを「大己」と呼ばれました。人ばかりではない。すべてがひとつの命に生かされている兄弟だというのです。

自他の境界線がなくなってしまう。そこを松原泰道老師は「一人称単数の世界」といわれ、内山興正老師は「出逢うところわが生命」とおっしゃり、この世の中に他人はいない、皆私の生命の延長と思い、真心を運べ、いや運ばないではおれなくなる。その心を十牛図でいったら、第十の入鄽垂手の働きといえるのではないでしょうか。

第九図　返本還源《へんぽんげんげん》——本源へ還る

〔頌〕

本《もと》に返り源《みなもと》に還《かえ》って已《すで》に功を費《ついや》す

争《いか》でか如《し》かん、直下《じきげ》に盲聾《もうろう》の若《ごと》くならんには

庵中に見ず庵前の物

水は自《おの》ずから茫々《ぼうぼう》、花は自ずから紅《くれない》なり

返本還源已費功

争如直下若盲聾

庵中不見庵前物

水自茫茫花自紅

〔大意〕

あらためて根源に立ち還ってみると、努力の限りをつくしてきたものだ。いっそのこと盲聾のように何も見ず何も聞かずにいる方がよい。部屋の中にいると外の万物は何も目に入ってこない。川は川で果てもなく、花は花紅く咲《わら》うのみ。

法のみち　あとなきもとの　山なれば
松はみどりに　はなはしらつゆ

「色即是空」から「空即是色」にもどる

お釈迦さまの教えを一言で云ったら「縁起」と申せましょう。この縁起をさらに二つに分けて時間的縁起を「諸行無常」、空間的縁起を「諸法無我」という言葉で表現してきました。

私のこの体一つを例としてとりあげても、今このひとときの命の背景に地球全部、太陽系、銀河系惑星群の働きまでも（空間的縁起）いただきながら、八十六年の生涯を刻々に変化しつづけて（時間的縁起）生きてきたのだよ、というのです。

その縁起思想がやがて「般若の空」というかたちで展開されました。紀元二、三世紀ころインドに出られた龍樹《りゅうじゅ》菩薩が著わされた『中論』がそれです。その「般若の空」の心を、わずか二六二文字に凝縮したものが『般若心経』といえましょう。

『般若心経《はんにゃしんぎょう》』は、宗派を超えてもっとも多くの人に親しまれているお経といってよいかと思います。その中の「色即是空《しきそくぜくう》、空即是色《くうそくぜしき》」の一句は、内容はわからないけれど言葉だけは知っているという人も、これまた多いのではないでしょうか。

この「色即是空」の心を吟じたとされるものに、上島鬼貫の、

骸骨《がいこつ》の　上よそおうて　花見かな

という句があります。美しくよそおった妙齢の娘さんが、みごとに咲きほこっている桜を見ている姿です。素直にその美しさをたのしめばよいのに、何もことさらに骸骨など重ねあわさなくとも、と思わないでもありませんが、「色即是空」の心は言い得て妙だといえましょう。

われわれ凡夫は、眼前の美しい娘さんと咲き誇る花しか見えずに、それに固執し、わが心に好ましいものは永遠なれと願い、好ましくないものは厭《いと》い嫌い

ます。全体の姿を見通すことができないわけです。

年毎《ごと》に　咲くや吉野の　桜花
木を割りて見よ　花のありかを

という歌もあるように、一輪の花の背景には一本の木全体が、一本の木の背景には天地いっぱいがあるのです。

同じ桜の苗木でも、常夏の国へ植えたのと四季の変化のある国へ植えたのとでは、全く違った花のつけ方をするといいます。同じ気候の土地に植えても、その土地が肥えているかやせているか、日陰か日向かでも違ってきます。天地いっぱいのすべてのものと無限にかかわりあいながら、しかも一刻もとどまることなく刻々に遷《うつ》ろいつつ存在しているのが、花とかぎらず一切の存在するものありようです。

一輪の花を通して、過去・現在・未来を通貫する無限の時間と、天地いっぱいの無限の空間の広がりや動きを見究め得るのでなければなりません。「個」として独立して存在するものは何もないんだよ、と語りかけるのが、この句の心であり、「色即是空」の心でもあるのです。

仏教で「色」という場合は、世間でいう色恋の意味ではなく、「姿形を持ったもの」という意味です。眼前に見る姿形を持った一切のものを、いったん「色即是空」と否定し去った後、「空即是色」ともどってくる。

一切の存在「色」は、たとえば花一輪も天地いっぱいの働きをいただいて咲くことができるのだよ。私の命も、今こうして食べたりしゃべったりすることができる背景には、天地いっぱいの働きと、三十数億年という命の進化の集積があるのだよ。いたずらならぬ命といただきなさい、というのが「空即是色」

の心といえましょう。

この「空即是色」の心を、小笠原長生という人が、

舎利子見よ　空即是色　花ざかり

と歌っています。お釈迦さまの十大弟子の一人の舎利弗尊者《しゃりほつそんじゃ》に語りかけるというかたちで『般若心経』が説かれたので、この言葉があるわけです。

「空」という言葉になじめない方のためには、「仏の命を、桜は桜という姿で、人間は人間という姿でいただいているのだよ」と言いかえたほうが親しいかもしれません。

「色即是空」と一度否定し去ったのち「空即是色」ともどって来た世界は、絶対肯定の世界です。しかし、「空」という跡や悟りという影をとどめていては

未だしといえましょう。

鏡の中に何かの影をとどめていては、AをAとしてありのままにうつすことはできません。迷いも悟りも、聖も凡も一切をとどめない状態にして、初めて相手をそのままにうつし出すことができるのです。跡を止めない姿が、第八の「人牛倶忘」の円相のみの世界といえましょう。

「色即色」の世界へ

さらに一歩進めて「空即是色」の跡もとどめない世界を「色即色」、つまり「色」のみと道元禅師はおっしゃいます。

道元禅師は『正法眼蔵《しょうぼうげんぞう》』「生死《しょうじ》」の巻の中で、「生死の中に仏あれば生死なし」という夾山《かっさん》の言葉と、「生死の中に仏なければ生死にまどわず」という定《じょう》山《ざん》の言葉を引用され、定山の受け止め方をより深く徹したものとして肯定しておられます。

「生老病死《しょうろうびょうし》、悲しみ、苦しみの充ち充ちているこの人生のほかに浄土はないんだよ、生老病死さまざまなる起き臥しの姿が、そのまま仏の命の姿なんだよ」と一生懸命説明し、納得させようとしている姿が、夾山の言葉には見られます。悲しみ苦しみの充満している娑婆《しゃば》世界をできたら逃げて、苦しみのない彼岸《ひがん》へ、極楽へ、ゆきたいという思いが、底辺にうごめいていればこその、この言葉です。彼岸とか此岸《しがん》とか、娑婆とか極楽という言葉があること自体、人間の意識の底に、ここを逃れてどこかへという思考のあることを見逃すわけにはいきません。

生死と仏と、色と空と、二つ出すから迷うのです。仏を持ち出さない。極楽や浄土を持ち出さない。此処《ここ》のみ、生死のみ。そこに腰をすえる。これが「生死の中に仏なければ生死にまどわず」の定山の言葉であり、「色即色」の世界もこれでありましょう。

この「色即色」の境涯が、第九「返本還源」の世界ではないでしょうか。仏を求めて旅立ち、仏と一つになり、仏も忘れ去り、消し去り、もとの故郷に帰ってきた姿です。

古来、景勝の地で有名な廬山《ろざん》（中国江西省北部にある名山）に遊んで「渓声《けいせい》は便《すなわ》ち広長舌《こうちょうぜつ》、山色《さんしょく》あに清浄身《しょうじょうしん》にあらざらんや」と詠じた蘇東坡《そとうば》の詩に、

廬山《ろざん》は煙雨《えんう》、浙江《せっこう》は潮《うしお》、未《いま》だ到《いた》らざれば千般《せんぱん》恨み消《しょう》ぜず。
至り得、帰り来《きた》れば別事《べつじ》なし。廬山は煙雨、浙江は潮。

というのがあります。始めの「廬山は煙雨、浙江は潮」は、「色即是空」と空

じ去る前の凡夫の眼にうつった景色であり、あとの「廬山は煙雨」は、「空即是色」と帰ってきて、一切空じ去った玲瓏《れいろう》たる眼にうつる廬山です。同じであって同じではない景色なのです。

第八の「人牛倶忘」という裏打ちがあって初めて、一点の曇りもない鏡にうつすように、一切のものがありのままに、「廬山は煙雨、浙江は潮」「柳は緑、花は紅」と見えてきます。第九の「返本還源」と第八の「人牛倶忘」とは、表裏一体をなすものといえましょう。

廬山とか柳というと、私とは無縁の遠い世界のことのように思えてきますが、毎日の私の生きざまにひきあてて考えてみましょう。

良寛さまのおっしゃる「病むときは病むがよろしく候、死ぬときは死ぬがよろしく候」というのが、それといってよいのではないでしょうか。

私どもはよく「病気も修行と受けとめて」などと、病気から逃げようとする自分にいいきかせます。逃げるよりはよいかもしれませんが、修行という言葉を持ち出さないと落ちつかないところは、まだまだといえましょう。やはり病気は厭うべきもの、修行は好ましきものという意識の滓《かす》が残っているのです。

修行という言葉や意識さえ雑音であり、病むときは病気と一つになってただ病む。台所の当番になったら、「台所も修行」などという意識さえ妄想だと、それも拭い去って、ただ台所の仕事一枚に打ちこむ。これが「空即是色」の「空」も消え去り、「色即色」と還ってきた生きざまということではないでしょうか。

「柳は緑ならず、花は紅ならず」と常識的見解を否定し去った後、再び「柳は緑、花は紅」と当り前の世界にもどってきた世界であり、同じ表現ながら質的に大転換された世界なのです。

第十図　入鄽垂手《にってんすいしゅ》——街に入り手をさしのべる

〔頌〕

胸を露《あら》わし足を跣《はだし》にして鄽《てん》に入り来たる
土を抹《まつ》し灰を塗《ぬ》って、笑い顋《あぎと》に満つ
神仙真秘《しんせんしんぴ》の訣《けつ》を用いず
直《じき》に枯木《こぼく》をして花を放って開かしむ

露胸跣足入鄽来
抹土塗灰笑満顋
不用神仙真秘訣
直教枯木放花開

〔大意〕
かれは痩せ衰えた胸を露《あら》わし、素足《すあし》で市《まち》にやってくる。砂塵にまみれ、泥をかぶりながら顔中を口のようにしてニコニコと語りかける。仙人など用のないのが本当の秘術。ずばりと枯木に花を咲かせる。

手はたれて　足はそらなる　おとこやま
かれたる枝に　鳥やすむらん

布袋さん良寛さん

十牛図のお話も、ようやくにして大詰めの「入鄽《てん》垂手」までたどりつきました。鄽というのは町のことで、山の中に行いすましておらずに、町の中へ入ってゆき、手を垂れて人々と喜び悲しみを共にしながら救済してゆく、菩薩《ぼさつ》行《ぎょう》の世界を描いたものといえましょう。廓庵の十牛図では、そのありようを布袋《ほてい》さまに託して描いております。

布袋さまは唐代の禅僧で、名は契此《かいし》、号は長汀子《ちょうこうし》といい、四明山に住んでいたといわれます。福々しい顔にはつねにほほえみをたたえ、胸も腹もあらわにし、いつでも袋をかついで人々の喜捨を求め、子供や貧しい人に会うとそれを施して歩き、人々から弥勒菩薩《みろくぼさつ》の化身《けしん》と尊ばれていたということです。中国のお寺のどこへ言っても仏殿の真正面に大きな布袋さまがお祀りしてあるのはそのためで、日本では七福神の一人として親しまれています。

日本で「入鄽垂手」のようなお手本を探すなら、乞食桃水《こじきとうすい》や良寛さまをあげることができるのではないでしょうか。

子供らとかくれんぼをしていた良寛さまは、「こんどは、わしもかくれる番かいの」と、いそいで近所の薪木《たきぎ》小屋にかくれ、柴やわらくずを頭からかぶりじっとしておられました。鬼になった子供は、いくら探しても良寛さまが見つからないままに日が暮れてしまったので、みんな家へ帰ってしまったのです。

野良から帰ってきて薪木をとりに小屋へ行ったその家のおかみさんは、小屋の中でガサガサ音がするのでのぞき込むと、人が柴やわらをかぶってひそんでいます。おどろいて悲鳴をあげると、わらくずの中からヌッと顔を出した良寛さま、「シッ、声を出してくださるな。かくれんぼしているところだ。鬼に見つけられるでの」という。「もう日が暮れてしもうて、子供らはみんな家に帰ってしもたわいね」と、おかみさんがあきれたという話です。

またの日、托鉢《たくはつ》をしておられた良寛さまは、いつの間にか遊女街へ入ってしまわれました。良寛さまのお顔を見るだけで、その法衣の袖にふれるだけで、何かしら心が安らぐと、遊女たちは良寛さまを父のように慕い、良寛さまの来られるのを待ちわびました。良寛さまは、遊女たちの悲しい身の上話に涙しながら、いくつかの歌を詠じられました。

墨染《すみぞめ》の　わが衣手《ころもで》の　ゆたならば
まずしき民を　覆《おお》わましものを

わが袖は　涙に朽ちぬ　小夜《さよ》ふけて
うき世の中《なか》の　人を思うに

良寛さまは偉そうなお説教などなさいません。托鉢の途中で立ちよって、囲《い》炉《ろ》裏《り》を囲みながら家族と共にお茶を召しあがってゆかれる。ただそれだけなのに、二、三日の間は家族中のものが何となく心おだやかで、明るくみち足りた思いでおられたというのです（解良家に伝わる『良寛禅師奇話』）。そんな姿が第十の「入鄽垂手」なのでしょう。

人々の心に喜びの花を咲かせる

廓庵禅師は、その心を次のように頌にして示していらっしゃいます。

胸を露《あら》わにし足を跣《はだし》にして鄽《てん》に入り来る
土を抹《まっ》し灰を塗って笑い顋《あぎと》に満つ
神仙真秘《しんせんしんぴ》の訣《けつ》を用いず
直《ただ》ちに枯木をして花を放って開かしむ

「胸を露わにし足を跣にして鄽に入り来たる」というのは、布袋さまの姿を描写したものであり、「土を抹し灰を塗って笑い顋に満つ」は、泥や灰だらけになり、あるいは良寛さまのようにわらくずだらけになって子供とかくれんぼしたり、遊女と共に涙するというように、相手と全く一つになってゆく姿のことです。満面に笑みをたたえての明るくあたたかく、こだわりのない姿は、その場に居あわせたすべての人の心を安らかなものにしてゆくというのです。

神通力《じんづうりき》だの霊能だの、そんな手段を用いなくても、その方がそこにおられるというだけで、あたり一面に花が開いたように、人々の心に喜びの花を咲かせてしまうというのです。日本の昔ばなしの「花咲かじいさん」の物語の心はこれであったなとうなずいたことです。

あなたがそこにただいるだけで
その場の空気が　あかるくなる
あなたがそこにただいるだけで
みんなのこころがやすらぐ
そんなあなたに　わたしもなりたい

これは相田みつをさんの「ただいるだけで」という詩です。良寛さまというお方はそういうお方であったのであろうし、それが「入鄽垂手」の願いとする姿だったのでしょう。

渡辺和子先生の言葉、「不機嫌な顔をして歩いているだけで環境破壊も甚だしい。ダイオキシンを振りまいて歩いているようなものだ」とおっしゃった言葉が忘れられません。その人がそこにいるというだけで、そこに入ってきたというだけで、イライラした気分や暗さをふりまく。願わくはそんなふうにはなりたくないものと思うものです。

おわりに——円相につつまれて

廓庵禅師の示された十牛図に従いながら、「もう一人の私を訪ねての旅」をつづけてまいりました。最後に円相についてもう少し考えてゆきたいと思います。すでに第八の人牛倶忘のところで一応のべましたが。

一つは十牛図のすべてが円相につつまれているということ。志をおこすとおこさないとにかかわらず、気づくと気づかないとにかかわらず、凡聖ひとしく、人間ばかりではなく一切のものが、無始無終の、天地いっぱいの仏の御手の只中につつまれ、その働きに生かされての起き臥しなのだということです。御手の中で迷い、御手の中で求め、悟り、または泣き笑いしているのだということを、円相であらわしているとご理解ください。

その中に　ありとも知らず　晴れ渡る
　空にいだかれ　雲の遊べる

これはある日の私の歌です。そこで、もう一つ円相から学んでおきたいことがございます。

「人生を直線的に考えず、円環的に考えてはどうかな」。これは余語翠巌老師がよくおっしゃった言葉です。

「われわれは時間とか人生というものを、過去・現在・未来と、とかく直線的に考えがちであるが、円相で考えたらどうか」とおっしゃり、円相の下に「無始無終圓同大虚」――無始無終圓《まど》かなること大虚に同《おな》じ――と揮毫された半折をくださいました。

円相には始めもなければ終りもありません。ということは、どの一点も終着点であると同時に出発点だということでもあるのです。今日只今は、何十年生きてきた人生の総決算であると同時に、明日への出発点でもあるというのです。刻々にしめくくりであると同時に、垢づかぬ初発心の心で、しかも過去を背負いこまず、未来を抱えこまず、前後裁断して今日に立ち向かって生きたいものです。

円環的思惟法ということで、もう一つ学んでおきたいことがあります。

仏教では人生を十牛ならぬ十界という形で人生のありようを示してまいりました。地獄、餓鬼、畜生、修羅、人間、天上、声聞、縁覚、菩薩、仏の十界で、前の六つを「六凡」、つまり凡夫のさまよう世界、あとの四つを「四聖」と呼んで、仏の方向へと人生の方向づけができた人の進んでゆく過程とされています。

そしてその十界を「十界互具《ごぐ》」といい、一円相の形で描かれております。地獄、餓鬼あたりが一番低辺に、菩薩、仏の世界が最上位に描かれております。これは何を意味するのでしょう。

キリスト教は直線的なものの見方で、最後の審判で神が地獄ゆきと判定されたら、永劫に地獄につきおとされて救われないと教えられます。

仏教はそうではなく、どこまでも自業自得の世界。自分の人生を創ってゆく主人公はどこまでも自分でしかない。したがって極悪きわまりないことをして地獄へおちたとしても、懺悔し、自分の責任のもとにその罪業を刈りとりさえすれば天上界へも、さらには精進次第で仏、菩薩の世界へも行くことができると説く。それが十界を一円相で説く心とご理解ください。

明日死ぬかのように生きよ。
永遠に生きるかのように学べ。

これはインド独立の父と呼ばれたマハトマ・ガンジーの言葉です。いつ死んでもよいという姿勢での今日只今への取り組みと、永遠に学びつづけ、向上しつづけたいという、誓願に徹した生き方の日々でありたいと切に念ずることです。

あとがき

いつの間にか恐れ多くもお釈迦さまの歳をこえ、生涯お慕い申し上げて来た澤木興道老師、内山興正老師、余語翠巌老師等々の方々の歳も越え、来春（令和二年）は米寿を迎えることとなりました。十五歳で頭を剃ってより七十余年。尼僧堂の雲水達と同行同修すること五十五年。雲水達のおかげで怠け者の私が何とか坐禅をし、また祖録を参究させていただくことができました。

驢を渡し　馬を渡す橋に　ならばやと
願えども　渡さるるのみの吾にて

俊董　詠

唐代の巨匠の趙州が晩年に住していた観音院へは、必ず橋を渡ってゆかねばならなかったよし。ある人が「趙州の橋いかん」と質問しました。橋を質問しているのではなく、「趙州さま、あなたの仏法をお示しください」とお願いをし、答えられたのがこの「驢を渡し馬を渡す」（『碧巌録』）の一句だったのです。「驢馬も渡せば馬も渡す。Aさんも渡せばBさんも渡す。すべての人をもれなく、より好みなく、しかも無条件で彼の岸に渡す」というのです。

若き日、この一句に出会い、私もそうありたいと誓願をたてました。が、結果としては渡されっぱなしの一生であったな、とただ感謝あるのみです。しかもなお、ようやくにして仏法の入り口に立つ思いです。慚愧の至りに堪えません。

そんな私が、身のほどもわきまえず、すでに何十冊かの著作を上梓してまいりました。この間、茶道や華道など禅文化にもたずさわってきた関係もあり、十牛についてはいささかの関心を持ちつづけてまいりました。十牛をとりあげてくださっている方々は多く臨済宗の方が多い中で、曹洞宗の側から光をあてることもできるのではないかと、かねてより思考してまいりました。

この度、機縁熟して、春秋社様からのお誘いもあり、参究不十分ながら上梓する運びとなりました。多くの方々からのご叱声をたまわらば幸甚に存じます。

本文中に使用させていただいた十牛の挿絵は、長く尼僧堂の参禅会に通われた芝香さんの筆になるもので、生涯、絵の道にも精進され、晩年の作品の一つである十牛図を、みごとな冊子に装丁して贈ってくれました。

このたび思いがけなく拙著を飾っていただくこととなり、芝香さんも彼の地で驚き、また喜んでくれていると思います。

また十牛のそれぞれに頌された廓庵禅師の七言絶句の偈の和訳は、この道の泰斗であられた柳田聖山先生のものを紹介させていただきました。記して謝意を捧げたいと思います。

上梓にあたり、この機会をお与えくださった春秋社社長神田明氏、前社長故澤畑吉和氏に感謝申し上げるとともに、特に編集の労をおとりいただいた佐藤清靖氏、水野柊平氏に御礼申し上げます。

令和元年十月五日　達磨忌の朝

青山俊董　合掌

青山　俊董（あおやま　しゅんどう）
昭和８年、愛知県一宮市に生まれる。５歳の頃、長野県塩尻市の曹洞宗無量寺に入門。15歳で得度し、愛知専門尼僧堂に入り修行。その後、駒澤大学仏教学部、同大学院、曹洞宗教化研修所を経て、39年より愛知専門尼僧堂に勤務。51年、堂長に。59年より特別尼僧堂堂長および正法寺住職を兼ねる。現在、無量寺東堂も兼務。昭和54、62年、東西霊性交流の日本代表として訪欧、修道院生活を体験。昭和46、57、平成23年インドを訪問。仏跡巡拝、並びにマザー・テレサの救済活動を体験。昭和59年、平成９、17年に訪米。アメリカ各地を巡回布教する。参禅指導、講演、執筆に活躍するほか、茶道、華道の教授としても禅の普及に努めている。平成16年、女性では二人目の仏教伝道功労賞を受賞。21年、曹洞宗の僧階「大教師」に尼僧として初めて就任。明光寺（博多）僧堂師家。
著書：『くれないに命耀く』『手放せば仏』『光のなかを歩む』『光に導かれて』『光を伝えた人々』『あなたに贈ることばの花束』『花有情』『生かされて生かして生きる』『あなたに贈る人生の道しるべ』『今ここをおいてどこへ行こうとするのか』（以上、春秋社)、『新・美しき人に』（ぱんたか)、『一度きりの人生だから』『あなたなら、やれる』（以上、海竜社)、『泥があるから、花は咲く』『落ちこまない練習』（幻冬舎）他多数。

十牛図　ほんとうの幸せの旅
二〇一九年一一月一日　第一刷発行
著　者　青山俊董
発行者　神田　明
発行所　株式会社　春秋社
東京都千代田区外神田二―一八―六（〒一〇一―〇〇二一）
電話〇三―三二五五―九六一一　振替〇〇一八〇―六―二四八六一
http://www.shunjusha.co.jp/
印刷所　信毎書籍印刷株式会社
製本所　ナショナル製本協同組合
装　丁　野津明子
定価はカバー等に表示してあります
　ISBN978-4-393-13416-0